Wyt ti'n
gwybod

D1101700

Gwyliau Nima

www.peniarth.cymru

Testun: Bethan Clement, 2018
© Delweddau: Canolfan Peniarth, Prifysgol Cymru Y Drindod Dewi Sant, 2018

Golygyddion: Lowri Lloyd ac Eleri Jenkins

Dyluniwyd gan Sian Elin Williams a Rhiannon Sparks

© Lluniau: Shutterstock.com. t.11 VPC Photo / Alamy Stock Photo

Cyhoeddwyd yn 2018 gan Ganolfan Peniarth

Mae Nima yn ei hystafell wely. Mae hi'n pacio ei bag achos yfory, mae hi'n mynd ar ei gwyliau i'r Eidal.

Mae Noa yn dod i weld Nima cyn iddi fynd ar ei gwyliau.
Maen nhw'n edrych ar y map i weld i ble mae hi'n mynd.

Edrycha Noa. Dyma Gymru a dyma Sorrento yn yr Eidal ble byddwn ni'n aros. Mae e'n agos i Pompeii. Byddwn ni'n mynd am drip i Pompeii. Dw i mor gyffrous.

Naples

Pompeii

Sorrento

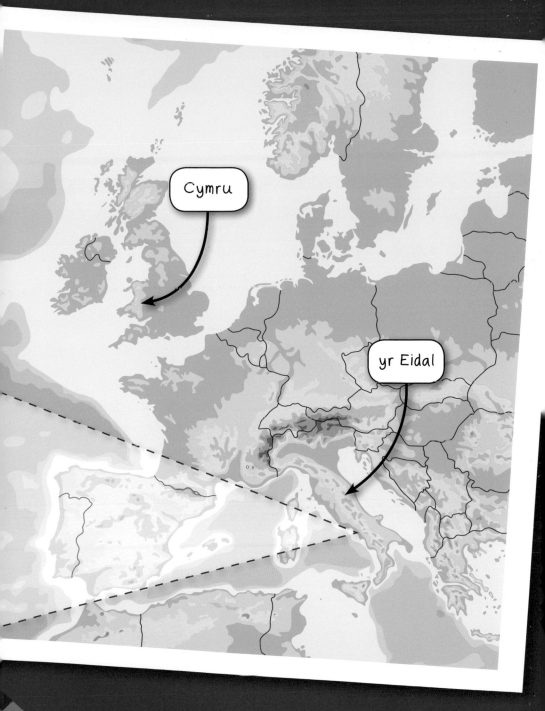

3

Mae Nima, Mam a Dad yn mynd yn y car i'r maes awyr.

Hwyl fawr Nima. Cofia ysgrifennu os byddi di'n gwneud rhywbeth diddorol.

Ar ôl cyrraedd y gwesty, mae Nima, Mam a Dad yn penderfynu ar ba dripiau maen nhw eisiau mynd.

Dad: Dw i'n meddwl dylen ni fynd i Pompeii.

Mam: Dylen, mae'n bwysig i ni ddysgu am y llosgfynydd, Vesuvius, a beth ddigwyddodd yn Pompeii.

Nima: Beth yw llosgfynydd?

5

Mam: Mynydd yw llosgfynydd. Ond, o dan llosgfynydd mae pwll o hylif poeth iawn iawn. Craig sydd wedi ymdoddi yw'r hylif yma. Edrycha ar y llun yma.

crater

cwmwl o lwch, lludw a nwyon

daeardwll

siambr magma

Dad: Edrycha ar y llun. Dyma'r hylif yn dod i fyny drwy'r mynydd a dyma'r crater ar y copa.

Mam: Dyma'r hylif poeth sydd o dan y llosgfynydd. Pan mae echdoriad, mae'r hylif poeth a llawer o nwyon yn saethu allan o'r crater ar gopa'r mynydd.

lafa

Dad: Wyt ti'n gweld yr echdoriad yn y llun yma? Dyma'r nwyon a'r hylif poeth yn dod allan o gopa'r mynydd.

Mam: Wedyn, mae'r lafa, yr hylif poeth sy'n llawn o gerrig, a lludw yn llifo i lawr y mynydd yn gyflym iawn. Mae popeth ar ochr y mynydd yn cael ei ladd.

Dad: Edrycha, Nima. Dyma lun o'r lafa yn llifo i lawr y mynydd.

Unwaith mae
flynyddoedd yn echdorri. Echdorrodd
ddiwethaf yn 1944!

Nima: Mae ofn arna i. Dw i ddim eisiau mynd i weld y
llosgfynydd. Beth os bydd e'n echdorri?

Dad: Paid â phoeni. Mae'n dweud ar y daflen yma mai dim
ond unwaith bob 2 000 o flynyddoedd mae Vesuvius
yn echdorri. Echdorrodd e yn 1944, felly byddwn ni'n
ddiogel.

Mam: Mae taith yn mynd i Vesuvius fory. Fe af i i gadw lle i
ni.

Oddi wrth: Nima

At: Noa

Pwnc: Vesuvius

Helo Noa.

Dw i'n cael gwyliau gwych yma yn yr Eidal. Ddoe aethon ni ar drip i weld llosgfynydd Vesuvius. Dringon ni i fyny'r llosgfynydd bron i'r copa. Roedden ni'n gallu gweld yr ager yn codi ac roedd arogl y sylffwr yn gryf iawn.

Dyma lun o rai o'n parti ni ar y llosgfynydd. Wyt ti'n gallu gweld yr ager yn codi yn y cefndir?

Rydyn ni'n mynd i Pompeii fory. Fedra i ddim aros.

Bydda i'n anfon neges arall fory i ddweud am Pompeii.

Hwyl

Nima

Anfon >> Canslo >>

At: Noa

Pwnc: Pompeii

Helo Noa.

Aethon ni i Pompeii heddiw. Roedd lafa o losgfynydd Vesuvius wedi llifo dros y dref yn 79 OC. Saethodd y lafa ugain milltir i fyny i'r awyr cyn llifo i lawr ochr y mynydd ar gyflymder o 450 milltir yr awr.

Llifodd y lafa dros dref Pompeii a lladd pawb a phopeth oedd yno. Ond yna, yn 1748, pan oedd adeiladwyr yn dechrau adeiladu palas newydd i'r brenin, daethon nhw o hyd i rannau o Pompeii oedd wedi eu gorchuddio gan y lafa.

Pan welon nhw beth oedd yno, dechreuon nhw gloddio'n ofalus iawn. Daethon nhw o hyd i lawer o bethau diddorol iawn. Erbyn heddiw, mae'r dref yn y golwg ac roedden ni'n gallu cerdded o gwmpas yr hen dref.

Edrycha ar y lluniau yma. Dyma ni yn cerdded ar hyd un o strydoedd Pompeii.

Anfon >>   Canslo >>

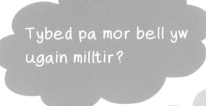

Tybed pa mor bell yw ugain milltir?

Beth arall sy'n teithio ar 450 milltir yr awr?

tu mewn i un o'r tai yn Pompeii

mosaig ar y llawr yn Pompeii

rhai o'r llestri oedd yn Pompeii

baddondy neu ystafell ymolchi yn Pompeii

twristiaid yn cerdded o gwmpas yr adeiladau

Oddi wrth: Noa

At: Nima

Pwnc: Llosgfynydd

Helo Nima.

Rwyt ti'n cael gwyliau gwych! Waw! Mae hanes y llosgfynydd yn ddiddorol. Dw i wedi bod yn darllen am losgfynyddoedd hefyd. Edrycha ar y llun yma o fy llosgfynydd i! Waw!

Anfon »   Canslo »